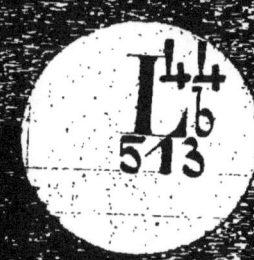

44
L6 §13.

L'ARC DE TRIOMPHE

A LA GRILLE DE CHAILLOT,

ET

LE PORTIQUE

à l'entrée des Tuileries.

Description historique de ces deux Monumens, érigés en l'honneur de l'alliance de leurs MAJESTÉS IMPÉRIALES.

l'Arc de Triomphe, façade des Tuileries.

Inscription.

A NAPOLÉON, A MARIE - LOUISE,
LA VILLE DE PARIS,

Trois fois, les chiffres N. L. entrelacés

Sur le haut relief et au milieu se trouve le chiffre seul, N. orné de fleurs, de guirlandes de mirthe et de laurier.

première figure allégorique.

Elle représente le Temple de la justice, le Code-Civil, la déesse Thémis tenant les Tables de la loi.

Première trophée, bas relief, on voit Minerve, déesse de la sagesse, sous un casque guerrier, représentant la Force et l'Union.

deuxième figure allégorique.

Elle représente le beau canal de l'Ourcq. C'est un vaisseau arrivant au port, derrière on voit le Temple de Neptune, ou proprement dit, la barrière de la Villette, et un groupe de figures, dont une tient un jeune enfant par la main qui semble vouloir entrer dans le vaisseau.

deuxième trophée.

Elle représente la Force guerrière qui tient un casque, annonçant la paix à l'Europe.

Au dessus du portique, deux figures allégoriques, elles représentent le dieu Jupiter et la déesse Vénus qui soutiennent l'édifice.

Sous le portique, façade des Thuileries, côté droit, on voit les chiffres N. L. entrelacés, au-dessous.

Ier. Inscription, ainsi conçue :

Nous l'aimons pour l'amour de lui ?
Nous l'aimons pour elle-même !....

première figure allégorique.

Elle représente une jeune déesse ailée, tenant un casque guerrier entre ses bras, au-dessous.

IIme. inscription, ainsi conçue :

Elle charmera les loisirs du héros.

Au-dessous, en lettres italiques :

ADRESSE DU SÉNAT.

deuxième figure allégorique.

Elle représente le Globe céleste, on voit le soleil au-dessus des nuages.

Au-dessous. IIIme. inscription, ainsi conçue.

Elle annonce à la terre des jours sereins.

Côté gauche, sous le portique, façade des Tuileries.

Les chiffres N. L. entrelacés dessous.

Se trouve, Ire. inscription, ainsi conçue :

Nous lui devons le bonheur de l'auguste
Époux qui l'a placée si haut dans sa pensée.

première figure allégorique.

On remarque la déesse Cirès tenant un cygne dans ses bras, et derrière elle une gerbe d'épis de bled, au-dessous.

deuxième inscription, ainsi conçue :

Son amour reconnaîtra
Le don qui nous est fait !

deuxième figure allégorique.

Un superbe aigle couronné, en son cadre entouré des noms NAPOLÉON, empereur des Français, et roi d'Italie, et de MARIE-

Louise, archiduchesse d'Autriche, impératrice des Français et reine d'Italie.

Frontispice du-dessous du portique.

Un grand aigle entouré de fleurs de mirthe, de laurier.

Sur le côté gauche. Ire. allégorie.

Un char trainé par une renommée ; on admire le Globe céleste, la déesse de la Gloire et le dieu de Mars, annonce la force et l'union.

Sur le côté droit, IIme. allégorie.

Plusieurs Bacchantes dans un char, environnées de gloire, la discorde s'enfuit à tire d'aile.

Façade de Neuilly.

Au chapiteau, Iere. inscription générale.

A NAPOLÉON, A MARIE - LOUISE, LA VILLE DE PARIS.

Les chiffres N. L. entrelacés sur le haut relief, au milieu se trouve le chiffre ; seul,

N., orné de fleurs, au-dessus du portique, deux figures allégoriques qui représentent le dieu Jupiter, et la déesse Vénus, soutenant l'édifice.

Façade de Neuilly.
première figure allégorique.

Elle représente une déesse ailée, ou la Renommée de la Gloire qui couronne à Athènes leur souverain, justement mérité.

deuxième figure ; allégorie.

Elle représente le serment de la Foi et de fidélité Conjugale.

première trophée, bas relief.

Qui représente la force guerrière, tenant un casque et annonçant la paix à l'Europe.

deuxième trophée, bas relief.

Minerve, déesse de la Sagesse, sous un casque guerrier, représente la Force et l'Union.

Frontispice du portique, façade de Neuilly.

Sur le côté droit, plusieurs trophées de Bacchantes.

première figure.
Le buste de S. M. l'Empereur.

première inscription, ainsi conçue :

*Le bonheur du monde
Est dans ses mains.*

deuxième figure, allégorie,
Elle représente des lauriers, au-dessous.
deuxième inscription, ainsi conçue :

*Ils assurent sa gloire,
Ils la rendront éternelle.*

troisième figure, allégorie.
Elle représente un Lion rugissant, au-dessous l'inscription suivante.

troisième inscription.

*Il rioit de nos discordes
Il pleure de notre union.*

Sous le portique, façade de Neuilly, côté gauche :

Le buste de S. M. l'Impératrice.

Au-dessous se trouve la première inscription ainsi conçue :

*Elle sera pour les Français
Une tendre mère.*

Au-dessous est écrit en lettres italiques
Réponse de l'Empereur au Sénat.
Côté gauche, première figure, allégorie.
Qui représente le passage du Danube.
Au-dessous la deuxième inscription, ainsi
concue :
Il nous enrichit —
De ce qu'il à de plus cher.
deuxième figure, allégorie.
Elle représente les armes d'Autriche et de l'Empire François. Ce sont deux aigles couronnés, entourés d'un cadre figuré, avec les noms de leurs Majestés.

Première partie latérale.
Sur le côté, au levant, au-dessous de la balustrade se trouve au milieu le chiffre N., seul, orné de guirlandes de laurier, de mirthe et de palmier.

Figure allégorique.
On voit les habitans de la ville de Paris offrir à leurs Souvains (qui tiennent un enfant par la main,) les présens de Pomone sur les rives de la Seine, ce sont des fruits, ce sont des fleurs.

Bas relief, première trophée.

On voit le dieu Mars et la déesse Minerve, réunis au tems qui les fait couronner.

deuxième trophée.

On remarque un grand guerrier, orné d'un casque qui est soutenu par la Victoire.

deuxième partie latérale.

Sur le côté, au couchant, au-dessous de la balustrade, au milieu le chiffre N., seul, orné de guirlandes de laurier, de mirthe et de palmier.

Figure allégorique.

Elle représente une Renommée de Gloire, descendant de son char et qui brûle des parfuns sur l'autel de la Foi conjugale, avec le dieu Mars, faisant avec elle le serment de fidélité.

Bas relief, première trophée.

On voit Minerve, déesse de la Sagesse, et le dieu Mars réunis sous deux casques guerriers.

deuxième trophée.

On remarque un grand guerrier, orné d'un casque et soutenu par la Victoire.

Tel est l'ensemble de l'Arc de Triomphe.

PORTIQUE

DIT A L'INSTAR DE VIENNE,

A l'entrée des Tuilleries, façade du château.

Aux quatre parties latérales.
première allégorie.

Côté droit. Elle représente une renommée de gloire, annonçant la Force et l'Union.

deuxième allégorie.

Elle représente la Paix, l'Amour et l'Abondance.

troisième allégorie.

Côté gauche. On remarque la Renommée de la Victoire, annonçant au dieu Mars la cessation de la guerre.

Quatrième allégorie.

Des Amours voltigent au-dessus de l'hymen couronné par une renommée de gloire.

On remarque de chaque côté, deux renommées, montées sur leurs coursiers, annonçant la Victoire, et s'élançant à tire d'aile.

Au-dessous du portique, seize colonnes, en marbre et stuck, huit de chaque côté, ornées de guirlandes de fleurs, de mirthe, de laurier et de grenades.

Façade de la place de la Concorde.

Sur le haut du portique, on remarque une couronne en or, surmontée d'une croix; deux statues de gloire soutenant ladite couronne, proprement dite de Charlemagne.

Sur le haut relief.

Se trouvent deux trophées qui représentent deux lyres avec les chiffres N. L. entrelacés.

première allégorie.

C'est une renommée de gloire qui tient une couronne suspendue sur un autel, représentant l'Hymenée et l'abondance.

Dessous se trouvent les chiffres de leurs Majestés, qui sont entrelacés, entourés de fleurs, de guirlandes de mirthe, de laurier et de grenades.

deuxième allégorie.

Ce sont deux Amours qui offrent leurs sacrifices et brûlent des parfuns sur l'autel de l'hymenée.

Le dessous du portique, seize colonnes en marbre, et stuck, huit de chaque côté, ornées de fleurs de mirthes, de guirlandes de laurier, et de grenades.

Par N. M. DUMARIE.

De l'imprimerie de DUMAKA, rue de Bièvre, N. 3.

www.ingramcontent.com/pod-product-compliance
Lightning Source LLC
Chambersburg PA
CBHW071426060426
42450CB00009BA/2038